TEA

MULTIPLE SKILLS SERIES: Reading

Third Edition

Richard A. Boning

Teacher's Manual
including Answer Keys & Reproducible Blackline Worksheets

Columbus, Ohio

*A Division of The **McGraw·Hill** Companies*

SRA/McGraw-Hill
*A Division of The **McGraw·Hill** Companies*

Copyright © 1998 by SRA/McGraw-Hill. All rights reserved. Except as permitted under the United States Copyright Act, no part of this publication may be reproduced or distributed in any form or by any means, or stored in a database or retrieval system, without prior written permission from the publisher.

Printed in the United States of America.

Send all inquiries to:
SRA/McGraw-Hill
8787 Orion Place
Columbus, OH 43240-4027

ISBN 0-02-688397-X

8 9 BSE 06 05 04 03

The Multiple Skills Series

PURPOSE

The *Multiple Skills Series* is a nonconsumable reading program designed to develop a cluster of key reading skills and to integrate these skills with each other and with the other language arts. *Multiple Skills* is also diagnostic, making it possible for you to identify specific types of reading skills that might be causing difficulty for individual students.

FOR WHOM

The twelve levels of the *Multiple Skills Series* are geared to students who comprehend on the pre-first- through ninth-grade reading levels.

- The Picture Level is for children who have not acquired a basic sight vocabulary.
- The Preparatory 1 Level is for children who have developed a limited basic sight vocabulary.
- The Preparatory 2 Level is for children who have a basic sight vocabulary but are not yet reading on the first-grade level.
- Books A through I are appropriate for students who can read on grade levels one through nine respectively. Because of their high interest level, the books may also be used effectively with students functioning at these levels of competence in other grades.

The **Multiple Skills Series Placement Tests** will help you determine the appropriate level for each student.

THE NEW EDITION

The third edition of the *Multiple Skills Series* maintains the quality and focus that have distinguished this program for over 20 years. A key element of the program's success has been the unique nature of the reading selections. Nonfiction pieces about current topics have been designed to stimulate the interest of students, motivating them to further reading. To keep this important aspect of the program intact, a percentage of the reading selections have been replaced in order to ensure the continued relevance of the subject material.

In addition, a significant percentage of the artwork in the program has been replaced to give the books a contemporary look. The cover photographs are designed to appeal to readers of all ages.

PROGRAM CONTENT

The Books

The series includes four books at each level, Picture Level through Level I. Each book in the Picture Level through Level B contains 25 units. Each book in Level C through Level I contains 50 units. The units within each book increase in difficulty. The books within a level also increase in difficulty—Level A, Book 2 is slightly more difficult than Level A, Book 1, and so on. This gradual increase in difficulty permits students to advance from one book to the next and from one level to the next without frustration.

Each book contains an **About This Book** page, which explains the skills to the students and shows them how to approach reading the selections and questions. In the lowest levels, you should read About This Book to the children.

The questions that follow each unit are designed to develop specific reading skills. In the lowest levels, the questions focus on identifying the main idea, stated details, and picture clues. At these levels, you should read the questions to the children.

In Levels A through I, the question pattern in each unit is
1. Title (main idea)
2. Stated detail
3. Stated detail
4. Inference or conclusion

Levels A and B also include a picture clue question; Levels C through I have a vocabulary question for each reading selection.

The **Language Activity Pages** (LAP) in each level consist of four parts: Exercising Your Skill, Expanding Your Skill, Exploring Language, and Expressing Yourself. These pages lead the students beyond the book through a broadening spiral of writing, speaking, and other individual and group language activities that apply, extend, and integrate the skills being developed. You may use all, some, or none of the activities in any LAP; however, some LAP activities depend on preceding ones. In the lowest levels, the LAP activities focus on identifying the main idea and picture interpretations. In these levels, you should read the LAPs to the children.

In Levels A through I, each set of Language Activity Pages focuses on a particular skill developed through the book. Emphasis progresses from the most concrete to the most abstract:

First LAP	Details
Second LAP	Vocabulary
Third LAP	Main ideas
Last LAP	Inferences and conclusions

Remind students to answer the questions in the LAP activities on a separate sheet of paper, so that the books can be used by others in the classroom.

Placement Tests

The Elementary Placement Test (for grades Pre-1 through 3) and the Midway Placement Test (for grades 4–9) will help you place each student properly. The tests consist of representative units selected from the series. The test books contain two forms, X and Y. One form may be used for placement and the second as a post-test to measure progress. The tests are easy to administer and score. Blackline Masters are provided for worksheets and student performance profiles.

In the absence of the Placement Tests, the results of the comprehension section of a standardized test will suffice. Students whose comprehension score is below 1.6 should be placed in the Picture Level books, followed by the Introductory and Preparatory Level books. Students who score 1.6 to 1.9 should benefit most from Level A books; those who score 2.0 to 2.9 should benefit from Level B, and so on.

USING THE PROGRAM

Sessions

The *Multiple Skills Series* is basically an individualized reading program that may be used with small groups or an entire class. Short sessions are the most effective. Use a short session every day or every other day, completing a few units in each session. Time allocated to the Language Activity Pages depends on the abilities of the individual students.

Suggested Steps
1. Students should read the short selection carefully.
2. After students have read the selection, they should answer the questions that follow and record their responses on their worksheets.
3. The answers should be scored immediately. Discussion should focus on the *reasons* for choosing a particular answer.
4. This is an excellent opportunity to offer instruction on identifying key words, distinguishing between details and main ideas, drawing inferences or conclusions from stated details, and using context to determine the meaning of an unknown word.

Scoring

Students should record their answers on the reproducible worksheets. The worksheets make scoring easier and provide uniform records of the children's work. Using worksheets also avoids consuming the books.

Because it is important for the students to know how they are progressing, you should score the units as soon as they've been completed. Then you can discuss the questions and activities with the students and encourage them to justify their responses. Many of the LAPs are open-ended and do not lend themselves to an objective score; for this reason, there are no answer keys for these pages.

Class Record Sheet

A Class Record Sheet is included at the back of this Teacher's Manual to enable the teacher to keep cumulative records and scores.

RELATED MATERIALS

Students who have consistent difficulty answering one or more types of questions in *Multiple Skills* units should benefit from the further practice and reinforcement offered by a relevant strand of the **SRA Specific Skill Series.** The following strands correlate to the principal skills of the *Multiple Skills Series:*

> **Getting the Main Idea** (title questions)
> **Getting the Facts** and **Locating the Answer**
>   (stated detail questions)
> **Identifying Inferences** and **Drawing Conclusions**
>   (inference/conclusion questions)
> **Using the Context** (vocabulary questions)

MULTIPLE SKILLS SERIES — ANSWER KEY — PICTURE LEVEL 1

UNITS	1	2	3	4	5	6	7	8	9	10	11	12	13	14	15	16	17	18	19	20	21	22	23	24	25
1	A	B	B	A	A	B	B	A	B	B	A	B	A	B	A	B	A	B	A	B	B	A	B	A	B
2	B	B	A	A	B	B	A	B	A	B	B	A	B	B	B	A	A	B	B	A	B	B	B	B	A
3	A	A	B	B	B	A	B	B	A	B	A	B	A	A	B	B	A	A	B	A	A	A	B	A	A

MULTIPLE SKILLS SERIES — ANSWER KEY — PICTURE LEVEL 2

UNITS	1	2	3	4	5	6	7	8	9	10	11	12	13	14	15	16	17	18	19	20	21	22	23	24	25
1	B	A	B	A	B	A	B	B	A	B	B	A	B	A	B	A	B	A	B	A	A	B	A	B	B
2	A	B	B	A	A	B	B	A	B	A	A	B	A	B	A	B	A	B	A	B	B	A	B	A	B
3	B	B	A	B	A	B	A	B	A	B	B	A	A	B	A	B	A	A	B	B	A	B	A	B	A

MULTIPLE SKILLS SERIES — ANSWER KEY — PICTURE LEVEL 3

UNITS	1	2	3	4	5	6	7	8	9	10	11	12	13	14	15	16	17	18	19	20	21	22	23	24	25
1	B	A	B	B	A	B	A	B	A	A	B	B	A	B	B	A	B	B	A	B	A	B	A	B	
2	A	A	B	A	B	B	A	B	A	A	B	B	A	A	B	B	A	B	A	A	B	B	B	A	
3	B	B	A	B	A	B	A	A	B	B	B	A	B	A	B	A	B	A	B	A	B	B	B	A	

MULTIPLE SKILLS SERIES — ANSWER KEY — PICTURE LEVEL 4

UNITS	1	2	3	4	5	6	7	8	9	10	11	12	13	14	15	16	17	18	19	20	21	22	23	24	25
1	B	A	B	B	A	A	B	B	A	B	A	B	A	B	B	A	B	A	A	B	B	A	B	B	A
2	B	B	A	B	A	B	A	B	B	A	B	B	A	B	B	B	A	A	B	B	A	B	A	B	B
3	A	A	B	B	B	A	A	B	A	B	B	B	A	B	B	A	A	B	A	B	B	B	A	A	B

MULTIPLE SKILLS SERIES   ANSWER KEY — PREPARATORY 1, BOOKLET 1

	1	2	3	4	5	6	7	8	9	10	11	12	13	14	15	16	17	18	19	20	21	22	23	24	25	
1	B	A	A	B	B	A	B	B	A	A	B	B	A	A	B	A	B	A	B	A	A	B	A	B	A	1
2	A	B	B	A	A	B	A	A	B	B	A	A	B	B	B	A	B	B	A	B	A	A	B	B	B	2
3	A	A	B	B	A	A	B	A	A	B	A	A	B	A	A	B	A	A	A	B	A	A	A	B	A	3

MULTIPLE SKILLS SERIES   ANSWER KEY — PREPARATORY 1, BOOKLET 2

	1	2	3	4	5	6	7	8	9	10	11	12	13	14	15	16	17	18	19	20	21	22	23	24	25	
1	A	B	A	B	A	A	B	A	B	A	B	A	B	A	A	B	B	A	B	B	A	A	B	B	A	1
2	B	B	B	A	A	B	A	B	B	A	B	B	A	B	B	A	B	B	A	B	B	B	A	B	B	2
3	B	A	B	A	B	A	B	A	B	B	B	A	B	A	A	B	B	A	B	A	B	A	B	A	A	3

MULTIPLE SKILLS SERIES — ANSWER KEY — PREPARATORY 1, BOOKLET 3

UNITS	1	2	3	4	5	6	7	8	9	10	11	12	13	14	15	16	17	18	19	20	21	22	23	24	25
1	A	B	B	A	B	A	B	A	A	B	B	A	B	B	A	A	B	B	A	A	B	A	B	A	A
2	B	A	A	B	B	A	B	B	A	B	B	A	B	B	A	B	B	A	B	B	B	A	A	A	B
3	A	B	A	A	A	B	A	A	B	B	A	B	B	A	A	B	A	B	A	B	A	B	A	B	A

MULTIPLE SKILLS SERIES — ANSWER KEY — PREPARATORY 1, BOOKLET 4

UNITS	1	2	3	4	5	6	7	8	9	10	11	12	13	14	15	16	17	18	19	20	21	22	23	24	25
1	B	A	B	A	B	B	A	A	B	B	A	B	A	B	B	A	B	A	B	A	A	B	A	A	B
2	A	A	B	B	B	A	B	B	B	A	B	A	A	B	B	A	B	A	A	A	B	B	B	B	A
3	B	B	A	A	B	B	A	B	A	A	B	B	B	A	B	A	A	B	B	B	A	A	B	B	B

MULTIPLE SKILLS SERIES — ANSWER KEY — PREPARATORY 2, BOOKLET 1

UNITS	1	2	3	4	5	6	7	8	9	10	11	12	13	14	15	16	17	18	19	20	21	22	23	24	25
1	B	A	B	A	A	B	A	B	A	B	A	B	A	B	B	A	B	A	A	B	B	A	A	B	B
2	B	B	A	B	B	A	B	B	B	B	A	A	B	B	A	A	B	B	A	B	A	B	A	B	
3	A	A	B	A	B	A	A	A	A	B	B	B	A	B	B	A	B	A	A	B	B	B	A		
4	A	B	B	B	A	B	B	A	B	A	A	B	B	A	B	B	A	B	A	B	A	B	A	B	

MULTIPLE SKILLS SERIES — ANSWER KEY — PREPARATORY 2, BOOKLET 2

UNITS	1	2	3	4	5	6	7	8	9	10	11	12	13	14	15	16	17	18	19	20	21	22	23	24	25
1	A	B	B	A	B	A	B	A	A	B	A	B	A	B	B	A	B	B	A	B	A	A	B	B	A
2	B	A	A	B	B	B	A	B	A	B	A	B	A	B	A	A	B	A	B	A	B	A	B	B	B
3	B	B	A	B	A	A	A	B	A	B	B	A	A	B	A	B	B	A	B	A	B	A	B	A	B
4	A	B	B	A	B	A	B	A	B	B	A	B	B	B	A	A	B	A	B	A	B	B	B	A	

MULTIPLE SKILLS SERIES — ANSWER KEY — PREPARATORY 2, BOOKLET 3

	1	2	3	4	5	6	7	8	9	10	11	12	13	14	15	16	17	18	19	20	21	22	23	24	25	
1	A	B	A	B	A	A	B	B	A	B	B	B	A	B	B	A	A	B	B	B	A	B	A	B	A	1
2	B	A	B	B	B	A	A	B	B	A	B	A	B	A	B	B	A	B	A	B	A	B	B	A	B	2
3	B	A	A	A	B	B	B	A	A	B	A	B	A	A	B	A	B	A	B	B	A	B	B	B	B	3
4	A	B	B	A	A	B	A	B	B	A	A	B	B	B	A	B	A	A	A	B	A	A	A	A	B	4

MULTIPLE SKILLS SERIES — ANSWER KEY — PREPARATORY 2, BOOKLET 4

	1	2	3	4	5	6	7	8	9	10	11	12	13	14	15	16	17	18	19	20	21	22	23	24	25	
1	B	A	B	A	B	B	A	A	B	B	B	A	B	A	B	A	A	B	B	A	A	B	A	B	B	1
2	A	B	B	A	A	B	B	A	A	B	A	B	A	A	B	B	A	B	A	B	B	A	A	B	A	2
3	B	B	A	B	A	A	B	B	A	B	B	A	B	B	A	B	A	B	A	B	A	B	B	B	B	3
4	A	B	B	A	B	A	A	B	B	A	A	B	A	B	A	A	B	A	B	A	B	A	A	A	A	4

MULTIPLE SKILLS SERIES — ANSWER KEY — BOOKLET A1

	1	2	3	4	5	6	7	8	9	10	11	12	13	14	15	16	17	18	19	20	21	22	23	24	25	
1	B	D	A	D	C	D	C	C	B	A	C	D	C	B	C	D	D	A	A	C	C	A	B	B	A	1
2	C	A	B	A	D	C	D	A	D	D	A	A	B	C	C	C	D	C	C	D	B	D	C	C	C	2
3	D	B	A	D	D	A	B	D	B	C	B	B	B	D	B	C	A	C	D	B	D	B	B	A	D	3
4	B	B	A	C	B	D	D	C	A	B	D	C	C	A	D	D	B	D	B	A	C	A	A	A	C	4
5	B	A	D	A	D	C	C	B	C	B	D	D	A	C	C	B	C	B	B	C	B	D	D	D	B	5

MULTIPLE SKILLS SERIES — ANSWER KEY — BOOKLET A2

	1	2	3	4	5	6	7	8	9	10	11	12	13	14	15	16	17	18	19	20	21	22	23	24	25	
1	B	C	D	C	B	B	B	B	A	D	A	C	D	B	D	B	B	B	C	D	B	A	D	D	D	1
2	A	A	B	D	D	D	C	D	C	C	B	D	A	B	C	D	A	B	A	A	B	D	D	B	C	2
3	B	B	C	A	C	B	D	A	B	D	C	C	B	B	A	C	C	D	D	D	A	C	C	C	C	3
4	C	C	B	B	A	A	B	C	A	D	A	B	C	D	C	A	D	A	A	B	C	A	B	A	B	4
5	B	B	A	C	D	A	C	B	B	C	C	C	B	A	D	B	A	B	C	D	B	C	A	D	D	5

MULTIPLE SKILLS SERIES

ANSWER KEY — BOOKLET A3

	|	|	|	|	|	|	|	|	|	|	|	UNITS	|	|	|	|	|	|	|	|	|	|	|	|	
	1	2	3	4	5	6	7	8	9	10	11	12	13	14	15	16	17	18	19	20	21	22	23	24	25	
1	B	C	A	C	A	B	A	A	D	A	A	D	A	D	B	D	B	A	C	C	D	A	C	C	D	1
2	D	C	C	B	C	A	A	B	D	C	B	C	B	B	A	D	A	B	D	C	A	C	D	A	B	2
3	A	D	B	D	A	C	D	C	B	B	C	B	D	C	D	B	C	D	A	A	B	B	A	C	A	3
4	C	B	D	C	D	D	B	C	C	D	C	C	B	C	C	D	B	B	D	C	B	D	B	B	4
5	B	A	A	B	B	B	C	A	A	A	D	A	C	A	C	A	C	B	B	D	B	C	D		5

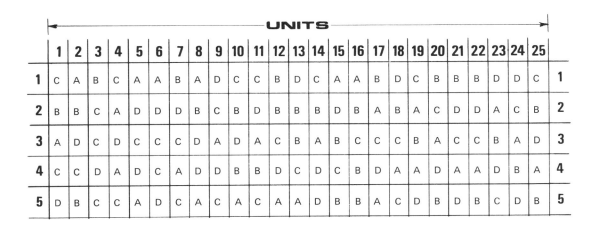

MULTIPLE SKILLS SERIES

ANSWER KEY — BOOKLET A4

	1	2	3	4	5	6	7	8	9	10	11	12	13	14	15	16	17	18	19	20	21	22	23	24	25	
1	C	A	B	C	A	A	B	A	D	C	C	B	D	C	A	A	B	D	C	B	B	B	B	D	D	C	1
2	B	B	C	A	D	D	D	B	C	B	D	B	B	B	D	B	A	B	A	C	D	D	A	C	B	2
3	A	D	C	D	C	C	C	D	A	D	A	C	B	A	B	C	C	C	B	A	C	C	B	A	D	3
4	C	C	D	A	D	C	A	D	D	B	B	B	D	C	D	C	B	D	A	A	D	A	A	D	B	A	4
5	D	B	C	C	A	D	C	A	C	A	C	A	A	D	B	B	A	C	D	B	D	B	C	D	B	5

MULTIPLE SKILLS SERIES

ANSWER KEY — BOOKLET B1

	1	2	3	4	5	6	7	8	9	10	11	12	13	14	15	16	17	18	19	20	21	22	23	24	25	
1	B	C	B	B	C	B	D	C	A	B	C	B	C	C	A	C	C	A	B	C	C	D	C	B	A	**1**
2	C	D	B	C	C	D	B	B	C	D	B	C	A	D	B	C	B	C	C	B	B	D	B	D	C	**2**
3	D	A	A	B	B	C	D	D	B	A	D	D	B	B	B	D	A	D	A	D	C	C	D	A	B	**3**
4	A	B	B	A	C	B	C	B	B	B	B	A	C	A	D	A	D	B	D	B	B	B	C	B	C	**4**
5	B	C	C	C	D	B	D	C	D	C	B	B	B	D	C	B	C	C	B	D	D	A	B	C	D	**5**

MULTIPLE SKILLS SERIES

ANSWER KEY — BOOKLET B2

	1	2	3	4	5	6	7	8	9	10	11	12	13	14	15	16	17	18	19	20	21	22	23	24	25	
1	B	B	C	C	C	C	C	B	C	C	B	B	C	B	C	C	D	B	A	C	B	D	B	C		**1**
2	C	D	B	B	D	C	D	D	B	C	B	C	D	D	A	B	D	B	C	C	A	D	B	C	D	**2**
3	D	B	D	D	A	B	C	A	D	A	C	D	C	C	D	D	B	A	D	C	C	A	D	B		**3**
4	B	C	C	C	B	C	B	B	A	D	D	A	B	A	C	B	A	C	B	C	D	B	C	A	C	**4**
5	C	C	B	B	C	D	A	A	A	B	C	B	D	B	B	A	C	B	C	B	B	A	D	B	A	**5**

MULTIPLE SKILLS SERIES

ANSWER KEY — BOOKLET B3

	1	2	3	4	5	6	7	8	9	10	11	12	13	14	15	16	17	18	19	20	21	22	23	24	25	
1	C	C	C	A	C	C	B	A	C	C	A	D	B	B	B	A	C	C	D	B	B	B	B	C	D	1
2	A	C	D	C	A	B	C	B	D	B	C	B	D	D	D	C	A	B	B	A	C	C	C	B	C	2
3	D	B	A	B	B	A	A	B	C	D	D	C	C	D	C	D	D	D	A	B	B	A	D	A	A	3
4	B	A	B	C	C	B	C	B	B	A	C	B	B	B	B	B	A	A	C	C	D	B	B	C	B	4
5	B	C	C	D	C	D	B	C	D	C	B	C	C	C	B	B	B	B	B	D	C	D	C	D	A	5

MULTIPLE SKILLS SERIES

ANSWER KEY — BOOKLET B4

	1	2	3	4	5	6	7	8	9	10	11	12	13	14	15	16	17	18	19	20	21	22	23	24	25	
1	C	C	A	C	C	C	B	B	B	C	D	B	D	C	B	D	B	A	A	A	C	C	C	B		1
2	C	B	C	A	D	B	C	C	C	D	D	B	C	C	C	B	A	C	C	C	A	B	B	C		2
3	B	C	B	B	A	A	B	A	D	C	B	D	B	D	A	B	A	D	D	B	D	B	B	C	B	3
4	B	A	D	B	C	C	D	C	A	A	C	A	D	A	D	D	D	C	C	D	B	C	A	B	A	4
5	C	D	C	D	D	D	A	D	B	B	B	C	C	B	B	B	C	B	B	C	C	B	D	A	C	5

MULTIPLE SKILLS SERIES

ANSWER KEY — BOOKLET C1

UNITS	1	2	3	4	5	6	7	8	9	10	11	12	13	14	15	16	17	18	19	20	21	22	23	24	25	
1	D	D	B	A	C	B	D	C	B	B	B	B	C	B	A	A	C	B	C	A	D	D	D	B	B	1
2	B	D	C	B	B	D	C	D	C	C	D	B	B	C	C	C	A	B	D	A	C	B	C	D		2
3	D	C	B	D	B	C	D	B	D	D	D	C	B	D	D	D	A	C	D	C	B	C	A	D	A	3
4	A	A	A	C	C	B	A	C	B	B	A	D	B	B	B	B	D	B	A	C	B	B	C	B	B	4
5	B	B	B	B	D	A	B	D	C	B	C	B	B	A	A	C	D	B	D	B	A	C	C	B	A	B	5

	26	27	28	29	30	31	32	33	34	35	36	37	38	39	40	41	42	43	44	45	46	47	48	49	50	
1	C	C	D	C	B	C	C	C	C	A	B	D	B	B	C	A	B	B	C	B	C	B	C	C	D	1
2	C	D	B	B	A	A	B	C	B	D	D	B	A	D	A	C	A	A	C	D	C	C	A	D		2
3	A	A	C	C	D	D	A	D	C	C	A	D	C	C	D	C	C	B	C	D	A	D	C	B		3
4	D	D	A	C	C	B	C	B	C	B	C	B	D	B	D	D	D	B	B	D	B	D	A			4
5	C	C	D	A	B	B	D	D	B	A	B	B	B	B	B	C	B	B	A	C	B	C	A	B	B	5

MULTIPLE SKILLS SERIES

ANSWER KEY — BOOKLET C2

UNITS	1	2	3	4	5	6	7	8	9	10	11	12	13	14	15	16	17	18	19	20	21	22	23	24	25	
1	A	D	C	D	A	A	C	B	C	C	B	D	C	A	D	C	B	C	C	A	B	C	B	C	B	1
2	D	A	B	C	C	D	D	D	C	D	C	C	B	C	B	A	C	C	D	D	C	C	A	B	D	2
3	B	C	D	A	C	B	A	C	D	B	B	B	D	C	C	C	D	C	B	C	D	A	D	D	C	3
4	C	D	A	D	D	C	D	C	B	B	A	B	D	C	B	C	B	C	B	C	B	C	A	B		4
5	B	B	B	B	B	A	C	B	B	A	B	D	A	D	D	A	A	A	A	A	B	D	B	C	B	5

	26	27	28	29	30	31	32	33	34	35	36	37	38	39	40	41	42	43	44	45	46	47	48	49	50	
1	C	B	B	C	D	B	B	D	A	B	B	D	A	B	A	C	C	C	B	D	B	B	C	B		1
2	C	D	C	D	D	D	B	B	C	C	B	D	D	D	A	C	B	C	A	B	D	C	C	C		2
3	B	C	B	C	A	A	D	C	B	B	B	C	B	D	D	D	B	D	D	C	B	B	D			3
4	B	C	C	C	C	D	B	A	D	D	A	C	C	A	D	C	B	C	A	D	C	C				4
5	A	A	C	B	C	C	A	B	D	A	B	B	B	B	A	B	B	D	C	B	D	A	B	B		5

MULTIPLE SKILLS SERIES

ANSWER KEY — BOOKLET C3

UNITS

	1	2	3	4	5	6	7	8	9	10	11	12	13	14	15	16	17	18	19	20	21	22	23	24	25
1	B	B	D	C	C	C	B	B	A	A	C	D	A	A	C	B	B	B	C	C	B	B	C	B	C
2	D	D	A	B	D	D	D	C	D	C	A	B	C	C	C	B	C	B	D	D	D	D	D	B	D
3	C	B	D	D	C	B	C	B	C	B	C	D	D	D	B	C	A	D	C	B	C	B	B	C	D
4	B	B	B	C	B	C	B	C	B	C	D	C	B	C	D	D	D	B	A	C	C	C	C	B	D
5	A	C	B	D	B	A	B	B	C	B	C	B	B	D	B	C	A	B	C	B	A	C	A	C	B

	26	27	28	29	30	31	32	33	34	35	36	37	38	39	40	41	42	43	44	45	46	47	48	49	50
1	B	A	D	B	C	C	C	B	D	D	C	C	C	B	C	B	B	C	A	A	B	B	B	C	B
2	D	C	B	D	A	B	C	D	B	D	D	A	B	C	C	C	C	D	C	D	C	C	B	C	C
3	D	B	C	C	C	D	D	A	D	C	B	C	D	D	B	D	C	B	D	D	C	C	D	C	B
4	A	B	D	C	B	C	A	C	B	B	B	B	C	A	D	B	A	B	B	B	B	B	A	C	C
5	C	D	B	B	D	A	C	D	A	B	C	B	B	C	D	C	C	D	C	C	B	A	B	B	B

MULTIPLE SKILLS SERIES

ANSWER KEY — BOOKLET C4

UNITS

	1	2	3	4	5	6	7	8	9	10	11	12	13	14	15	16	17	18	19	20	21	22	23	24	25
1	A	C	C	D	D	C	A	C	C	A	D	C	C	D	A	C	B	B	D	B	C	A	A	C	B
2	B	D	B	B	C	B	C	D	B	C	B	C	B	C	B	D	A	B	C	A	C	B	C	C	C
3	C	B	D	D	D	D	B	C	D	C	C	D	A	B	D	C	B	C	A	C	C	D	D	A	C
4	B	C	C	B	C	B	B	C	A	B	D	B	A	C	D	B	C	A	C	B	B	B	D	C	B
5	C	B	D	A	A	A	C	B	B	A	C	C	B	B	B	B	A	C	D	C	A	B	C	A	C

	26	27	28	29	30	31	32	33	34	35	36	37	38	39	40	41	42	43	44	45	46	47	48	49	50
1	C	D	C	C	B	C	B	C	B	D	B	A	D	D	C	B	B	B	D	D	A	B	A	C	B
2	D	A	C	C	D	B	D	B	C	D	C	C	C	B	C	A	D	B	B	D	C	D	B	C	C
3	D	C	B	B	C	D	D	D	B	A	C	C	D	D	C	B	C	A	A	D	B	D	C	C	B
4	B	D	A	D	A	B	D	B	C	B	C	D	C	A	B	D	B	A	D	C	B	D	C	B	B
5	A	A	D	B	B	C	C	A	A	A	B	B	C	A	B	B	D	B	C	C	B	B	C	D	B

MULTIPLE SKILLS SERIES

ANSWER KEY — BOOKLET D1

UNITS	1	2	3	4	5	6	7	8	9	10	11	12	13	14	15	16	17	18	19	20	21	22	23	24	25
1	D	B	D	A	C	D	D	D	A	B	D	C	B	D	C	B	D	C	D	B	D	C	C	A	B
2	B	D	B	C	B	D	B	A	B	C	C	A	C	B	D	D	B	B	C	C	C	B	B	C	B
3	C	C	C	D	C	C	C	C	D	A	B	B	B	C	B	B	C	D	D	C	C	A	B	C
4	D	C	B	B	D	C	C	D	C	C	D	B	D	D	A	C	C	A	A	D	B	C	C	D	D
5	A	A	C	B	B	C	A	B	C	B	C	A	A	C	B	B	B	B	C	C	C	A	B	A	C

	26	27	28	29	30	31	32	33	34	35	36	37	38	39	40	41	42	43	44	45	46	47	48	49	50
1	B	B	C	B	D	C	D	A	B	A	C	C	A	D	B	D	D	A	B	B	C	A	D	B	A
2	B	C	A	C	C	D	C	B	C	C	A	B	B	B	C	C	C	B	C	C	B	B	D	C	C
3	C	A	C	D	B	B	B	C	B	C	A	C	D	D	D	B	B	A	C	D	C	C	B	C	D
4	B	C	B	C	C	B	A	D	C	C	C	C	C	C	C	C	C	C	B	C	C	B	D	D	C
5	C	C	D	C	B	A	B	B	C	B	B	A	C	C	D	C	D	C	C	C	C	A	A	B	D

MULTIPLE SKILLS SERIES

ANSWER KEY — BOOKLET D2

UNITS	1	2	3	4	5	6	7	8	9	10	11	12	13	14	15	16	17	18	19	20	21	22	23	24	25
1	B	B	C	B	C	A	D	B	C	C	C	A	D	B	A	B	A	B	C	B	A	C	B	C	B
2	D	D	B	C	A	B	C	C	D	C	B	C	B	B	B	C	A	C	A	C	A	B	B	B	C
3	C	B	C	B	C	B	B	C	A	B	C	B	B	C	C	B	D	B	C	B	C	C	C	C	A
4	B	C	B	A	B	A	B	A	B	C	D	D	B	B	C	C	B	C	D	C	D	B	A	B	C
5	B	B	C	C	A	C	C	B	C	D	A	C	C	C	A	C	C	A	B	C	B	B	B	C	C

	26	27	28	29	30	31	32	33	34	35	36	37	38	39	40	41	42	43	44	45	46	47	48	49	50
1	D	C	D	C	B	B	C	A	D	B	D	B	B	C	D	B	B	B	C	D	A	B	B	C	B
2	B	C	C	D	C	B	C	C	C	C	A	C	B	C	A	B	C	C	B	C	C	A	A	C	
3	C	D	B	B	A	D	C	D	B	C	D	B	D	A	B	C	D	D	B	D	D	C	B	B	
4	B	C	A	C	C	D	A	B	C	B	B	C	D	C	D	D	A	C	C	D	B	B	B	D	
5	C	B	B	C	D	C	C	C	B	D	B	C	B	B	B	C	D	D	A	C	D	B	B		

MULTIPLE SKILLS SERIES — ANSWER KEY — BOOKLET D3

UNITS	1	2	3	4	5	6	7	8	9	10	11	12	13	14	15	16	17	18	19	20	21	22	23	24	25	
1	D	B	D	B	A	D	B	C	B	B	C	D	A	A	D	C	B	B	C	C	D	B	A	A	C	1
2	C	B	C	A	C	C	B	C	C	D	B	B	B	D	B	D	D	C	D	D	B	A	B	A	C	2
3	D	C	B	C	B	D	D	A	A	A	D	C	C	C	B	B	D	A	C	C	C	D	D	D	D	3
4	D	D	C	D	C	B	D	B	B	B	B	D	B	C	D	C	C	B	B	B	C	B	C	B	A	4
5	C	B	D	B	A	C	C	C	C	C	A	C	C	D	C	B	B	A	D	D	A	C	B	C	B	5

UNITS	26	27	28	29	30	31	32	33	34	35	36	37	38	39	40	41	42	43	44	45	46	47	48	49	50	
1	B	C	D	C	C	C	A	C	D	B	C	B	A	B	B	C	D	C	B	B	D	B	A	B	B	1
2	C	C	B	D	B	B	C	D	C	B	C	C	D	A	C	B	D	C	B	D	C	B	C	B	C	2
3	B	B	C	B	D	C	D	C	A	C	A	B	B	D	C	C	C	D	B	A	D	C	B	C	B	3
4	C	A	B	B	C	B	C	B	C	C	C	D	C	B	C	C	B	D	B	D	D	C	A	B	4	4
5	A	B	A	A	A	C	A	C	D	C	D	B	B	B	C	C	B	A	A	D	C	D	A	C	C	5

MULTIPLE SKILLS SERIES — ANSWER KEY — BOOKLET D4

UNITS	1	2	3	4	5	6	7	8	9	10	11	12	13	14	15	16	17	18	19	20	21	22	23	24	25	
1	C	B	C	A	C	C	D	B	D	C	B	C	B	C	A	C	B	B	B	C	A	B	C	B	C	1
2	B	C	B	C	C	B	C	A	B	C	C	B	A	B	B	B	C	D	A	A	B	C	B	C	C	2
3	D	C	D	D	D	C	B	D	B	D	B	C	D	C	C	C	C	C	D	D	B	C	B	C	3
4	C	B	C	D	C	A	B	A	C	A	D	C	C	C	D	C	D	B	B	A	C	D	C	C	B	4
5	D	D	C	B	C	B	A	A	B	C	C	C	B	A	B	B	C	C	C	B	B	B	B	C	5

UNITS	26	27	28	29	30	31	32	33	34	35	36	37	38	39	40	41	42	43	44	45	46	47	48	49	50	
1	C	B	B	B	B	C	D	B	C	D	C	C	A	D	B	A	C	C	D	A	D	B	B	C	C	1
2	A	C	C	D	B	C	C	B	B	C	B	C	C	C	C	D	A	C	C	A	D	B	D	B	2	2
3	D	C	D	B	C	B	A	D	A	A	B	C	B	D	A	D	C	C	A	B	C	C	D	A	D	3
4	C	C	C	C	D	C	B	B	D	C	D	C	B	D	B	B	C	B	C	B	C	B	C	D	C	4
5	B	B	B	B	C	C	B	B	C	A	A	B	B	A	B	D	A	C	C	B	B	C	B	5	5

MULTIPLE SKILLS SERIES

ANSWER KEY — BOOKLET E1

UNITS

	1	2	3	4	5	6	7	8	9	10	11	12	13	14	15	16	17	18	19	20	21	22	23	24	25	
1	D	B	A	C	C	B	B	C	A	D	B	C	C	C	D	C	C	B	B	A	C	B	C	C	C	1
2	C	C	C	C	D	C	A	C	B	B	C	C	B	C	C	C	B	C	B	B	B	B	C	D	B	2
3	D	D	B	B	B	C	C	B	B	C	C	A	A	A	B	A	C	C	A	B	B	B	B	A	C	3
4	C	A	C	B	C	B	A	D	C	A	A	D	D	D	D	B	A	D	B	C	B	A	A	A	D	4
5	C	C	C	B	C	C	B	C	B	B	B	D	B	A	B	C	D	C	B	C	D	C	D	B	B	5

	26	27	28	29	30	31	32	33	34	35	36	37	38	39	40	41	42	43	44	45	46	47	48	49	50	
1	C	B	B	C	A	C	B	B	A	C	C	A	C	D	B	C	C	C	C	A	A	C	C	C	C	1
2	B	D	C	C	B	B	C	D	B	B	D	B	C	B	D	A	C	C	B	C	D	B	C	B	A	2
3	A	B	A	C	C	A	C	C	C	A	C	C	B	C	C	A	C	A	D	C	B	A	A	A	D	3
4	D	C	C	B	B	D	C	B	D	C	C	C	D	C	C	B	C	B	C	B	C	C	B	B	C	4
5	C	C	B	B	B	A	B	B	B	B	B	B	B	C	B	C	B	C	A	C	A	A	A	A	C	5

MULTIPLE SKILLS SERIES

ANSWER KEY — BOOKLET E2

UNITS

	1	2	3	4	5	6	7	8	9	10	11	12	13	14	15	16	17	18	19	20	21	22	23	24	25	
1	B	D	C	A	B	C	C	D	C	C	D	A	C	B	C	C	B	D	C	A	A	C	A	D	B	1
2	C	A	C	B	B	D	B	C	B	A	C	B	B	C	C	D	C	C	C	D	B	C	B	B	C	2
3	B	B	B	C	A	C	C	D	C	C	C	A	B	D	B	C	B	A	B	C	B	C	B	B	3
4	D	A	D	C	C	B	D	B	D	B	D	B	A	B	A	A	C	A	C	B	B	D	D	B	C	4
5	C	B	C	D	C	C	B	C	B	B	C	B	D	A	B	C	A	B	A	D	B	C	B	C	C	5

	26	27	28	29	30	31	32	33	34	35	36	37	38	39	40	41	42	43	44	45	46	47	48	49	50	
1	A	B	B	A	D	B	B	C	A	A	B	D	B	B	B	C	C	D	C	B	C	B	C	D	B	1
2	C	C	C	B	D	B	A	D	B	D	A	B	C	B	A	C	D	D	C	A	C	D	C	C	2
3	B	B	C	C	A	C	D	A	C	B	B	D	C	C	B	A	A	B	A	B	A	C	3
4	D	B	B	A	B	C	C	B	C	C	A	C	C	D	B	D	C	A	C	B	A	C	A	4
5	C	D	D	D	A	D	B	C	C	B	C	B	B	C	C	C	B	B	C	B	B	A	C	5

MULTIPLE SKILLS SERIES

ANSWER KEY — BOOKLET E3

	1	2	3	4	5	6	7	8	9	10	11	12	13	14	15	16	17	18	19	20	21	22	23	24	25	
1	C	B	C	B	B	D	B	C	C	B	C	B	B	A	B	A	C	D	B	A	B	B	D	C	D	1
2	C	B	B	C	C	C	B	B	C	C	B	D	C	C	B	A	B	C	D	A	B	B	D	B	2
3	D	B	C	C	A	B	B	A	C	A	D	D	C	C	B	B	B	A	B	B	B	A	B	B	A	3
4	C	A	D	B	B	C	B	C	D	C	A	C	C	D	B	C	B	C	C	C	C	D	C	D	C	4
5	C	C	C	A	A	B	C	B	B	B	B	B	A	C	C	A	B	B	A	B	B	A	C	B	C	5

	26	27	28	29	30	31	32	33	34	35	36	37	38	39	40	41	42	43	44	45	46	47	48	49	50	
1	C	A	C	C	B	C	D	C	C	A	C	C	B	C	C	D	B	B	C	D	A	C	D	B	1
2	C	B	B	C	C	D	B	C	A	D	D	B	C	A	C	D	D	B	C	B	B	A	C	C	C	2
3	A	C	C	A	C	C	C	B	C	C	C	C	B	D	B	C	A	A	A	C	B	A	D	C	C	3
4	D	C	B	C	B	C	B	D	C	A	D	A	B	C	B	A	C	B	B	C	C	D	B	B	C	4
5	C	D	A	B	A	A	C	B	D	B	B	C	A	B	D	B	C	C	C	D	C	B	B	C	C	5

MULTIPLE SKILLS SERIES

ANSWER KEY — BOOKLET E4

	1	2	3	4	5	6	7	8	9	10	11	12	13	14	15	16	17	18	19	20	21	22	23	24	25	
1	C	B	B	A	C	D	C	C	B	B	A	B	C	B	C	B	B	C	D	A	C	C	B	A	B	C	1
2	A	B	B	C	C	A	C	A	A	A	C	D	C	A	B	B	B	C	B	A	C	D	B	B	B	2
3	C	A	C	A	B	C	C	A	C	C	B	C	D	C	D	C	C	B	D	C	D	C	C	A	C	3
4	A	C	B	B	B	D	D	B	C	A	D	C	A	B	D	D	D	D	B	B	B	A	C	C	A	4
5	C	A	A	A	B	A	B	C	B	B	D	A	B	B	B	B	A	C	B	B	B	C	C	B	C	5

	26	27	28	29	30	31	32	33	34	35	36	37	38	39	40	41	42	43	44	45	46	47	48	49	50	
1	C	C	C	C	C	C	C	D	C	C	C	B	C	B	D	B	B	C	B	B	C	C	C	C	B	1
2	B	C	C	B	A	B	C	B	C	A	C	C	A	A	C	C	B	B	A	D	D	C	C	C	A	2
3	D	C	B	D	C	D	B	C	D	B	A	B	D	C	B	B	D	C	C	C	C	D	A	C	3
4	A	B	B	C	B	B	D	B	C	B	A	C	B	B	D	D	B	A	C	B	B	A	B	B	B	4
5	C	A	C	C	C	C	B	A	B	C	B	B	C	C	C	B	C	B	B	C	C	B	C	C	5

MULTIPLE SKILLS SERIES — ANSWER KEY — BOOKLET F1

UNITS

	1	2	3	4	5	6	7	8	9	10	11	12	13	14	15	16	17	18	19	20	21	22	23	24	25	
1	B	C	B	C	D	D	D	C	C	C	B	C	C	A	C	C	C	D	D	B	C	C	C	B	C	1
2	D	B	C	B	C	C	A	D	A	C	B	B	B	B	D	B	B	C	D	C	C	B	B	B	B	2
3	B	C	B	C	B	C	D	C	C	B	C	A	C	D	A	D	B	C	A	D	A	A	C	B	D	3
4	B	C	C	C	B	D	B	D	B	C	C	B	C	B	C	C	C	A	B	B	A	D	A	A	4
5	C	D	C	B	B	A	C	C	B	B	C	A	B	B	C	D	C	C	A	B	A	C	C	C	C	5

	26	27	28	29	30	31	32	33	34	35	36	37	38	39	40	41	42	43	44	45	46	47	48	49	50	
1	B	C	C	C	B	B	C	B	D	C	C	B	D	C	D	B	C	D	C	C	C	C	B	C	1
2	C	B	C	C	B	D	B	A	D	A	C	D	B	C	C	A	C	B	B	B	C	C	B	B	C	2
3	C	C	A	D	C	C	B	D	A	D	C	C	A	C	D	B	C	D	B	A	B	B	D	A	D	3
4	B	A	C	B	C	B	C	C	A	C	B	C	D	B	B	D	A	C	B	B	C	D	C	B	D	4
5	A	B	B	C	B	B	C	D	B	B	B	D	A	A	C	C	B	B	D	C	C	B	B	B	B	5

MULTIPLE SKILLS SERIES — ANSWER KEY — BOOKLET F2

UNITS

	1	2	3	4	5	6	7	8	9	10	11	12	13	14	15	16	17	18	19	20	21	22	23	24	25	
1	C	C	B	C	D	C	B	C	B	C	B	C	C	A	D	B	A	B	C	C	D	B	A	B	B	1
2	B	B	A	B	C	B	A	D	C	D	B	C	A	C	C	B	C	B	D	C	C	C	A	D	D	2
3	A	D	D	A	C	D	D	B	B	D	A	D	D	B	A	D	D	C	B	D	D	C	C	A	B	3
4	C	C	C	C	B	D	B	B	B	D	C	B	B	B	C	A	C	C	A	D	A	B	C	B	A	4
5	A	B	B	B	A	B	B	A	C	A	B	D	B	D	C	B	A	B	C	C	B	D	B	B	5

	26	27	28	29	30	31	32	33	34	35	36	37	38	39	40	41	42	43	44	45	46	47	48	49	50	
1	A	B	B	D	B	B	B	C	B	A	A	C	B	A	B	B	B	D	C	B	C	A	B	D	1
2	A	B	C	C	B	C	C	C	B	B	C	C	C	B	C	C	A	C	C	C	B	C	C	B	2
3	C	C	A	B	D	B	D	C	B	A	B	B	C	B	B	A	D	C	B	B	C	B	B	C	A	3
4	C	C	A	D	B	B	B	D	C	A	B	D	C	C	B	B	C	D	C	C	B	C	D	B	D	4
5	B	D	B	B	B	C	A	C	B	C	B	A	C	B	A	A	B	C	C	A	C	B	C	D	C	5

MULTIPLE SKILLS SERIES

ANSWER KEY — BOOKLET F3

	1	2	3	4	5	6	7	8	9	10	11	12	13	14	15	16	17	18	19	20	21	22	23	24	25	
1	C	C	B	C	B	D	B	C	B	C	C	B	C	C	B	B	B	B	B	B	D	A	C	B	A	1
2	D	A	A	B	B	B	C	C	B	C	B	C	C	C	A	C	A	A	C	B	C	D	C	C	C	2
3	B	C	C	D	C	C	D	C	B	B	A	B	C	C	C	A	D	C	C	C	B	B	A	B	C	3
4	C	B	C	D	D	A	B	B	D	D	C	B	B	B	C	B	B	C	C	B	A	C	C	D	C	4
5	A	B	C	C	C	B	B	C	C	B	C	A	C	C	C	D	C	B	D	C	C	A	D	C	B	5

	26	27	28	29	30	31	32	33	34	35	36	37	38	39	40	41	42	43	44	45	46	47	48	49	50	
1	D	C	B	C	C	C	B	A	D	B	B	B	B	A	C	D	C	C	B	B	B	B	B	B	B	1
2	D	C	C	C	B	B	B	C	B	A	A	C	C	D	C	D	C	C	D	C	C	C	C	A	C	2
3	C	B	B	C	C	B	D	D	B	B	A	B	A	C	C	D	D	B	A	A	B	C	B	D	D	3
4	C	C	D	C	C	A	B	B	C	C	B	D	B	D	D	B	D	D	C	D	B	D	C	C	B	4
5	C	C	A	B	D	B	C	C	C	C	C	B	D	B	C	A	A	B	C	C	C	C	B	C	5

MULTIPLE SKILLS SERIES

ANSWER KEY — BOOKLET F4

	1	2	3	4	5	6	7	8	9	10	11	12	13	14	15	16	17	18	19	20	21	22	23	24	25	
1	B	C	C	A	D	D	B	C	C	B	A	D	D	D	C	D	A	C	A	C	D	C	D	C	B	1
2	B	A	C	B	B	C	C	C	D	A	C	B	D	B	B	B	D	C	B	C	A	B	B	B	A	2
3	B	D	C	A	D	C	A	B	B	C	B	B	A	C	D	A	D	C	D	A	A	C	D	C	C	3
4	A	B	A	C	C	A	C	C	D	D	C	D	C	B	B	B	C	D	C	C	D	B	C	B	B	4
5	B	D	B	B	C	B	B	A	D	D	C	A	C	D	D	C	C	A	B	D	B	D	A	A	B	5

	26	27	28	29	30	31	32	33	34	35	36	37	38	39	40	41	42	43	44	45	46	47	48	49	50	
1	B	D	C	B	B	C	A	C	D	B	B	A	C	B	D	C	C	B	C	B	C	C	C	B	C	1
2	B	B	C	C	C	A	A	B	A	C	D	B	B	A	C	B	A	C	A	A	C	B	B	A	D	2
3	C	C	B	A	C	D	C	C	A	B	A	A	D	A	B	D	A	B	D	D	B	B	B	B	A	3
4	D	B	C	B	A	B	C	C	C	C	C	D	A	B	C	D	B	C	A	C	D	D	C	C	B	4
5	A	C	C	B	B	D	C	B	C	C	A	C	B	D	A	B	C	B	A	D	A	B	D	C	C	5

MULTIPLE SKILLS SERIES

ANSWER KEY — BOOKLET G1

UNITS	1	2	3	4	5	6	7	8	9	10	11	12	13	14	15	16	17	18	19	20	21	22	23	24	25	
1	C	C	D	C	A	D	A	A	C	C	D	B	C	C	C	B	A	B	B	C	C	B	C	C	C	1
2	C	C	A	C	B	B	C	B	D	B	B	D	C	C	C	B	C	D	C	D	A	A	A	C	2
3	A	D	C	A	B	D	C	D	C	D	B	B	D	C	D	D	D	D	B	A	C	C	B	B	3
4	B	C	B	C	B	A	B	B	A	C	B	C	B	B	B	C	D	C	B	C	C	C	B	C	D	4
5	D	C	D	D	A	C	D	D	D	B	D	C	C	C	B	B	B	C	B	C	D	C	B	C	5

	26	27	28	29	30	31	32	33	34	35	36	37	38	39	40	41	42	43	44	45	46	47	48	49	50	
1	C	C	B	C	A	D	C	C	B	B	C	C	B	A	D	D	C	B	B	C	C	D	C	A	1
2	A	C	A	B	C	A	D	B	C	D	C	A	C	C	C	B	B	D	C	A	B	C	D	C	D	2
3	C	D	C	C	C	A	A	A	B	D	C	D	B	A	A	B	A	D	D	A	B	C	B	A	3
4	C	B	D	D	C	C	B	C	C	C	D	B	B	C	D	C	D	C	C	B	D	B	D	B	4
5	B	C	B	B	C	D	D	C	B	B	A	B	D	A	B	C	C	C	D	B	C	C	B	D	B	5

MULTIPLE SKILLS SERIES

ANSWER KEY — BOOKLET G2

UNITS	1	2	3	4	5	6	7	8	9	10	11	12	13	14	15	16	17	18	19	20	21	22	23	24	25	
1	B	C	C	C	D	C	A	B	C	C	D	C	B	D	C	D	B	D	A	A	D	D	B	B	D	1
2	C	A	A	B	A	B	A	A	A	B	C	D	D	A	C	B	C	B	D	C	C	C	C	D	C	2
3	A	B	D	D	C	A	B	C	C	B	D	B	C	D	A	C	C	D	A	B	B	B	D	C	B	3
4	B	C	D	C	C	D	B	D	D	B	B	C	D	B	B	C	B	A	D	C	A	D	B	4
5	A	C	C	A	D	D	D	B	B	D	A	A	B	C	B	C	D	C	B	B	B	B	C	B	B	5

	26	27	28	29	30	31	32	33	34	35	36	37	38	39	40	41	42	43	44	45	46	47	48	49	50	
1	B	C	B	D	A	A	B	A	B	A	C	C	B	B	B	C	B	C	C	A	B	D	A	D	C	1
2	D	D	C	D	B	C	C	B	B	C	D	B	C	D	B	B	C	B	D	D	D	C	B	C	2
3	D	A	B	B	C	D	B	D	D	A	D	B	A	B	C	C	D	B	A	C	B	C	B	D	A	3
4	C	B	C	A	A	B	D	B	C	D	B	C	D	D	B	D	B	D	B	C	D	C	D	D	4
5	C	C	B	B	D	B	B	B	A	C	C	C	D	B	B	C	B	D	A	B	D	D	B	C	5

MULTIPLE SKILLS SERIES

ANSWER KEY — BOOKLET G3

	1	2	3	4	5	6	7	8	9	10	11	12	13	14	15	16	17	18	19	20	21	22	23	24	25	
1	C	B	B	C	D	A	D	A	C	A	B	C	A	B	A	D	B	B	B	D	B	C	A	C	B	1
2	B	C	C	C	B	D	C	C	B	D	D	B	C	C	C	B	B	D	C	B	B	C	D	B	C	2
3	B	B	D	B	B	B	D	D	B	B	A	C	C	B	B	B	C	A	D	D	C	B	A	D	A	3
4	C	D	D	A	A	C	A	C	D	B	C	D	C	D	C	C	B	D	B	C	C	D	B	A	D	4
5	D	A	B	C	C	B	B	B	C	C	C	D	B	C	A	D	D	C	C	B	B	C	B	B	C	5

	26	27	28	29	30	31	32	33	34	35	36	37	38	39	40	41	42	43	44	45	46	47	48	49	50	
1	D	C	B	C	C	D	D	B	B	B	B	B	B	B	C	C	A	C	B	A	C	C	C	C	C	1
2	C	B	A	B	D	B	B	A	C	D	C	C	A	B	B	D	C	B	B	D	C	B	B	B	D	2
3	B	A	C	A	B	C	C	B	C	C	B	D	D	C	B	D	B	C	B	D	B	C	C	C	3
4	B	D	B	D	B	D	B	C	D	D	A	B	B	C	D	D	C	C	B	C	C	A	D	C	C	4
5	D	D	B	C	C	C	D	B	C	B	A	B	D	B	A	A	D	B	B	C	C	B	C	D	B	5

MULTIPLE SKILLS SERIES

ANSWER KEY — BOOKLET G4

	1	2	3	4	5	6	7	8	9	10	11	12	13	14	15	16	17	18	19	20	21	22	23	24	25	
1	C	B	D	C	B	C	D	B	D	A	C	C	B	B	C	D	C	B	B	C	A	C	B	D	1
2	D	B	B	B	B	B	A	C	C	B	B	D	D	B	C	B	B	B	C	A	B	C	B	C	D	2
3	B	A	C	A	C	D	A	B	B	C	C	B	A	D	D	D	C	C	D	D	A	B	A	C	C	3
4	C	B	D	C	C	B	D	C	D	A	C	B	B	C	B	D	C	D	C	D	C	C	B	D	B	4
5	D	C	B	D	C	C	B	B	C	C	B	A	C	B	C	C	D	A	A	C	B	C	C	C	B	5

	26	27	28	29	30	31	32	33	34	35	36	37	38	39	40	41	42	43	44	45	46	47	48	49	50	
1	B	B	B	C	C	D	C	B	D	B	D	A	C	A	B	A	C	D	B	D	C	C	C	D	1
2	C	D	D	D	C	B	D	C	C	C	B	B	C	C	D	B	A	D	C	B	D	B	D	C	2
3	B	A	C	A	B	C	C	D	D	D	B	C	D	B	B	B	D	B	D	B	A	D	B	B	3
4	B	B	B	D	C	B	D	A	A	B	C	C	C	D	D	C	A	C	C	B	C	D	B	B	C	4
5	D	B	B	D	B	B	A	C	B	B	B	D	B	B	A	D	C	C	D	D	D	C	D	5

MULTIPLE SKILLS SERIES   ANSWER KEY — BOOKLET H1

	1	2	3	4	5	6	7	8	9	10	11	12	13	14	15	16	17	18	19	20	21	22	23	24	25	
1	A	B	C	C	B	B	C	B	C	B	C	B	C	B	C	D	D	B	C	B	D	C	C	C	C	1
2	B	D	C	C	D	C	A	D	B	C	C	D	C	B	A	A	C	B	A	B	A	A	B	A		2
3	D	D	D	B	C	B	D	D	D	A	B	B	A	D	C	A	D	B	D	D	D	B	D	B		3
4	C	C	B	A	A	B	D	C	B	D	D	D	D	D	C	C	D	D	A	A	C	C	C	C		4
5	B	A	A	C	C	D	C	B	C	C	B	C	C	B	C	D	D	B	C	B	B	B	A	B	D	5

	26	27	28	29	30	31	32	33	34	35	36	37	38	39	40	41	42	43	44	45	46	47	48	49	50	
1	A	C	D	A	B	D	C	C	D	A	C	B	B	B	C	B	B	D	A	B	C	C	D	D	C	1
2	B	B	B	B	B	B	A	B	B	C	C	A	B	B	B	D	D	C	D	D	C	B	C	A		2
3	C	B	B	D	C	C	D	A	B	B	C	D	B	C	C	C	C	B	C	A	B	B	B	B		3
4	B	D	A	B	C	D	C	C	D	D	D	C	D	B	C	C	B	C	D	C	B	B	D	B	D	4
5	D	B	B	D	D	C	D	C	C	C	B	C	B	B	B	C	B	B	B	C	B	B	C	C	5

MULTIPLE SKILLS SERIES   ANSWER KEY — BOOKLET H2

	1	2	3	4	5	6	7	8	9	10	11	12	13	14	15	16	17	18	19	20	21	22	23	24	25	
1	D	C	B	B	A	C	C	A	C	D	D	D	B	C	B	C	C	A	C	D	C	D	C	B	C	1
2	B	C	C	D	C	A	C	D	C	A	B	A	B	B	D	D	C	D	A	B	B	C	C	A		2
3	A	D	D	C	C	B	A	D	B	C	C	B	B	B	C	B	B	B	C	B	C	B	D	B	D	3
4	D	B	A	B	C	C	D	B	A	D	D	C	D	C	B	A	D	C	B	B	D	B	B	C	C	4
5	C	C	C	B	C	B	B	C	C	C	D	B	C	B	C	B	D	C	C	A	B	B	D		5

	26	27	28	29	30	31	32	33	34	35	36	37	38	39	40	41	42	43	44	45	46	47	48	49	50	
1	A	C	D	D	B	A	C	B	D	C	C	C	C	C	C	D	C	C	C	B	C	C				1
2	C	B	B	B	B	C	B	B	C	D	B	D	B	D	B	B	C	A	C	B	A	C	B	D		2
3	A	B	C	D	D	A	D	A	D	D	A	A	D	B	B	C	B	D	D	D	B	C	D	A		3
4	C	C	D	C	B	C	B	D	B	B	C	D	C	D	B	A	C	D	C	B	D	B	C	C		4
5	D	D	B	A	C	C	C	B	C	C	C	C	B	C	C	D	A	C	A	A	C	C	B	C		5

MULTIPLE SKILLS SERIES

ANSWER KEY — BOOKLET H3

UNITS	1	2	3	4	5	6	7	8	9	10	11	12	13	14	15	16	17	18	19	20	21	22	23	24	25	
1	B	D	C	C	C	C	C	B	C	D	C	A	C	D	C	D	B	B	C	D	C	C	B	A	C	1
2	D	C	B	B	C	C	D	D	D	C	B	B	D	A	A	B	A	C	B	B	D	D	C	D	C	2
3	B	A	D	C	B	D	B	B	D	D	B	D	B	C	D	A	D	D	C	D	B	D	D	D	B	3
4	C	B	B	C	D	D	D	D	A	D	D	C	C	B	C	C	C	D	A	D	B	A	C	C	A	4
5	D	C	C	B	B	B	C	C	C	B	B	A	D	D	B	D	C	C	D	B	B	D	A	B	D	5

	26	27	28	29	30	31	32	33	34	35	36	37	38	39	40	41	42	43	44	45	46	47	48	49	50	
1	C	B	C	B	C	A	B	C	A	C	A	B	B	C	C	B	B	C	C	C	B	D	A	C	D	1
2	A	D	C	D	C	C	A	B	B	B	C	B	B	D	C	C	C	D	C	A	D	B	A	B	C	2
3	C	C	D	A	A	B	D	C	C	A	C	C	C	B	A	A	D	C	D	C	C	C	B	C	C	3
4	C	C	C	D	D	D	C	B	D	C	D	C	B	B	A	C	B	B	C	D	C	D	D	C	C	4
5	B	B	D	B	C	B	A	A	B	D	B	D	D	C	A	C	B	C	C	D	A	C	C	C	B	5

MULTIPLE SKILLS SERIES

ANSWER KEY — BOOKLET H4

UNITS	1	2	3	4	5	6	7	8	9	10	11	12	13	14	15	16	17	18	19	20	21	22	23	24	25	
1	C	D	B	D	B	D	D	D	B	A	B	B	C	C	A	C	D	C	D	B	C	C	C	D	C	1
2	C	A	A	C	D	A	A	D	C	D	A	A	B	B	C	C	B	D	C	C	C	D	B	C	B	2
3	A	D	D	B	C	C	B	B	D	C	B	C	D	D	B	A	B	C	B	D	C	D	A	B	B	3
4	D	C	C	C	B	B	B	C	D	D	A	D	C	C	B	B	C	C	D	D	B	C	C	B	D	4
5	B	B	B	A	D	B	D	B	C	C	C	B	B	B	A	D	B	B	B	A	A	B	D	C	C	5

	26	27	28	29	30	31	32	33	34	35	36	37	38	39	40	41	42	43	44	45	46	47	48	49	50	
1	A	B	C	D	C	B	D	B	C	C	C	D	C	D	B	C	C	B	A	B	B	C	B	B	D	1
2	D	C	B	C	C	D	D	A	A	C	C	A	D	C	D	D	B	C	C	C	D	B	D	C	D	2
3	A	A	A	B	A	A	C	D	A	A	D	C	D	A	A	D	B	D	A	B	A	B	D	B	3	3
4	B	D	D	D	C	C	B	C	C	A	D	C	B	D	B	A	D	B	C	C	B	C	B	C	4	4
5	C	B	D	C	C	C	D	B	B	A	D	A	C	C	C	B	D	B	C	C	C	C	D	5	5

MULTIPLE SKILLS SERIES

ANSWER KEY — BOOKLET I1

← **UNITS** →

	1	2	3	4	5	6	7	8	9	10	11	12	13	14	15	16	17	18	19	20	21	22	23	24	25	
1	D	D	C	B	B	D	D	D	B	A	D	D	C	B	D	A	D	B	B	C	C	B	D	C	C	1
2	C	D	D	D	D	A	B	B	C	C	A	A	D	C	A	B	B	A	C	A	C	C	C	D	C	2
3	A	A	B	C	B	B	C	A	C	A	C	B	A	C	C	C	C	D	B	D	A	B	A	B	B	3
4	D	C	A	A	C	D	C	C	D	B	D	D	C	B	B	D	C	C	C	B	C	A	C	D	D	4
5	C	B	C	C	B	C	B	D	B	A	B	C	B	D	C	C	B	B	D	C	C	C	B	C	B	5

	26	27	28	29	30	31	32	33	34	35	36	37	38	39	40	41	42	43	44	45	46	47	48	49	50	
1	B	A	B	C	C	D	C	D	A	D	B	D	C	C	B	C	C	D	C	D	B	B	B	C	D	1
2	B	D	C	A	A	A	B	B	A	D	C	A	D	B	C	B	C	C	C	B	C	C	A	D	B	2
3	C	C	D	C	B	B	D	D	B	A	A	D	B	C	D	C	B	A	D	C	B	B	A	D	C	3
4	C	C	A	D	D	A	A	C	D	C	B	B	B	A	C	B	D	C	D	B	D	D	D	C	C	4
5	D	B	B	D	C	C	B	A	B	C	C	C	A	D	C	B	C	C	A	D	D	B	A	B	C	5

MULTIPLE SKILLS SERIES

ANSWER KEY — BOOKLET I2

← **UNITS** →

	1	2	3	4	5	6	7	8	9	10	11	12	13	14	15	16	17	18	19	20	21	22	23	24	25	
1	B	D	A	A	A	C	B	C	B	D	C	C	D	D	D	B	C	D	B	C	B	A	C	C	C	1
2	D	B	C	D	B	B	B	C	A	B	B	C	B	C	B	A	A	D	B	D	C	A	B	A	2
3	B	B	C	D	B	D	B	A	B	C	A	B	D	C	A	D	D	B	B	B	B	D	D	D	3
4	B	B	B	A	C	A	D	A	C	C	C	D	C	D	C	C	C	C	B	B	C	C	B	C	C	4
5	C	C	C	C	C	C	B	B	B	D	D	C	C	C	D	B	B	C	A	C	C	B	D	B	5

	26	27	28	29	30	31	32	33	34	35	36	37	38	39	40	41	42	43	44	45	46	47	48	49	50	
1	B	C	D	D	B	C	B	B	B	A	C	D	C	C	D	B	D	C	A	B	C	C	D	D	B	1
2	C	D	C	B	B	D	A	A	B	D	B	D	D	C	C	A	C	C	B	B	A	D	B	A	D	2
3	C	C	A	C	B	B	D	C	D	C	B	A	C	A	A	D	D	B	C	D	C	B	C	D	D	3
4	D	C	D	D	C	B	C	C	B	C	B	D	D	B	C	C	D	B	C	C	D	B	C	A	4
5	C	A	B	A	C	C	C	B	D	B	C	C	C	C	D	C	C	B	C	D	B	C	A	B	C	5

MULTIPLE SKILLS SERIES

ANSWER KEY — BOOKLET I3

UNITS

	1	2	3	4	5	6	7	8	9	10	11	12	13	14	15	16	17	18	19	20	21	22	23	24	25	
1	C	B	B	D	C	B	C	C	B	D	D	D	D	B	C	B	A	D	A	D	D	C	D	C	C	1
2	A	D	B	A	B	D	B	B	A	C	C	C	B	D	B	C	A	D	C	C	C	B	C	C	B	2
3	D	C	C	C	D	B	D	C	D	B	D	A	C	C	C	D	B	B	D	B	C	D	B	D	A	3
4	C	B	A	D	C	D	B	B	C	D	B	B	B	B	A	B	C	B	B	C	B	B	C	B	B	4
5	C	C	D	C	C	C	A	C	D	B	C	C	B	A	C	B	C	C	B	B	D	A	C	C	A	5

	26	27	28	29	30	31	32	33	34	35	36	37	38	39	40	41	42	43	44	45	46	47	48	49	50	
1	A	C	C	B	B	A	D	C	C	D	B	C	A	D	D	C	C	B	B	D	B	B	D	D	B	1
2	C	C	A	B	C	D	C	B	D	C	C	D	B	B	C	D	B	C	D	D	D	C	C	B	D	2
3	B	B	D	C	A	C	D	A	B	B	D	A	D	C	D	A	D	D	A	C	A	B	B	C	B	3
4	D	B	C	D	B	C	A	D	C	A	D	D	B	B	B	D	B	A	D	A	B	C	A	A	A	4
5	C	B	C	D	B	B	C	C	B	C	B	D	C	C	A	B	C	C	C	B	D	D	D	A		5

MULTIPLE SKILLS SERIES

ANSWER KEY — BOOKLET I4

UNITS

	1	2	3	4	5	6	7	8	9	10	11	12	13	14	15	16	17	18	19	20	21	22	23	24	25	
1	A	A	C	D	D	B	C	D	B	C	C	D	B	B	C	C	B	C	C	C	A	D	B	D	C	1
2	B	B	B	B	C	D	C	C	D	C	B	B	C	C	A	B	B	B	B	C	D	B	C	B	D	2
3	C	B	B	C	B	C	D	B	B	B	D	D	A	D	A	C	D	D	A	D	C	B	B	D	A	3
4	A	D	D	A	C	B	C	D	B	D	B	B	C	A	C	A	B	A	B	B	B	C	D	C	B	4
5	C	C	C	C	A	A	B	B	C	A	C	D	D	B	C	A	B	C	B	C	B	B	D	A	B	5

	26	27	28	29	30	31	32	33	34	35	36	37	38	39	40	41	42	43	44	45	46	47	48	49	50	
1	D	A	D	D	C	B	D	C	A	A	C	A	C	C	D	C	B	C	C	D	B	A	B	D	A	1
2	D	D	D	A	C	D	C	D	D	B	D	A	B	C	D	A	D	B	B	B	A	D	C	B	D	2
3	D	C	A	D	C	D	D	B	D	B	B	B	D	A	B	D	C	C	B	B	C	B	D	A	B	3
4	A	B	C	C	B	D	C	B	A	D	A	C	C	B	D	C	C	A	D	C	B	B	D	D	D	4
5	A	D	C	B	D	C	A	C	B	C	C	B	B	C	C	D	C	A	D	D	D	A	B	C		5

MULTIPLE SKILLS SERIES
PICTURE LEVEL BOOK — PREPARATORY 1 LEVEL BOOK — WORKSHEET

NAME _____ CLASS _____

	1	2	3	4	5	6	7	8	9	10	11	12	13	14	15	16	17	18	19	20	21	22	23	24	25	
1																										1
2																										2
3																										3
TOTAL																										TOTAL

UNITS

© 1998 SRA/McGraw-Hill. All rights reserved. Printed in the United States of America. Permission is granted to reproduce this page for classroom use.

MULTIPLE SKILLS SERIES
PREPARATORY 2 LEVEL BOOK — WORKSHEET

NAME ——————————————— CLASS ———————————

UNITS →

	1	2	3	4	5	6	7	8	9	10	11	12	13	14	15	16	17	18	19	20	21	22	23	24	25	
1																										1
2																										2
3																										3
4																										4
TOTAL																										TOTAL

© 1998 SRA/McGraw-Hill. All rights reserved. Printed in the United States of America. Permission is granted to reproduce this page for classroom use.

MULTIPLE SKILLS SERIES

BOOK A ___ BOOK B ___

WORKSHEET

NAME _____ CLASS _____

	1	2	3	4	5	6	7	8	9	10	11	12	13	14	15	16	17	18	19	20	21	22	23	24	25
1																									
2																									
3																									
4																									
5																									
TOTAL																									

← UNITS →

MULTIPLE SKILLS SERIES

BOOK C ___ D ___ E ___ F ___ G ___ H ___ I ___

WORKSHEET

NAME _____ CLASS _____

← UNITS →

	1	2	3	4	5	6	7	8	9	10	11	12	13	14	15	16	17	18	19	20	21	22	23	24	25
1																									
2																									
3																									
4																									
5																									
TOTAL																									

	26	27	28	29	30	31	32	33	34	35	36	37	38	39	40	41	42	43	44	45	46	47	48	49	50
1																									
2																									
3																									
4																									
5																									
TOTAL																									

© 1998 SRA/McGraw-Hill. All rights reserved. Printed in the United States of America. Permission is granted to reproduce this page for classroom use.

MULTIPLE SKILLS SERIES
CLASS RECORD SHEET

WORKSHEET _____

TEACHER _____ SCHOOL _____ DATE _____

NAME		LEVEL ___ BOOKLET				LEVEL ___ BOOKLET				LEVEL ___ BOOKLET				LEVEL ___ BOOKLET				LEVEL ___ BOOKLET				LEVEL ___ BOOKLET				LEVEL ___ BOOKLET			
LAST	FIRST	1	2	3	4	1	2	3	4	1	2	3	4	1	2	3	4	1	2	3	4	1	2	3	4	1	2	3	4

Notes

Notes